SEGUINDO A VIDA

José Grimberg

SEGUINDO
A VIDA

Copyright © 2022 de José Grimberg
Todos os direitos desta edição reservados à Editora Labrador.

Coordenação editorial
Pamela Oliveira

Preparação de texto
Iracy Borges

Assistência editorial
Larissa Robbi Ribeiro

Revisão
Danilo de Sousa Villa

Projeto gráfico, diagramação e capa
Amanda Chagas

Dados Internacionais de Catalogação na Publicação (CIP)
Jéssica de Oliveira Molinari - CRB-8/9852

Grimberg, José
  Seguindo a vida / José Grimberg. — São Paulo : Labrador, 2022.
  96 p.

ISBN 978-65-5625-191-2

1. Poesia brasileira I. Título

22-0739   CDD B869.1

Índices para catálogo sistemático:
1. Poesia brasileira

Editora Labrador
Diretor editorial: Daniel Pinsky
Rua Dr. José Elias, 520 — Alto da Lapa
05083-030 — São Paulo/SP
+55 (11) 3641-7446
contato@editoralabrador.com.br
www.editoralabrador.com.br
facebook.com/editoralabrador
instagram.com/editoralabrador

A reprodução de qualquer parte desta obra é ilegal e configura uma apropriação indevida dos direitos intelectuais e patrimoniais do autor.

A editora não é responsável pelo conteúdo deste livro. Esta é uma obra de poesia. Apenas o autor pode ser responsabilizado pelos juízos emitidos.

Para minha mãe, Sarah (*in memoriam*), minha esposa, Esther, meus filhos (André, Rosane e Marilisa) e netos (Bernardo e Felipe), que são fontes de minha inspiração.

JOSÉ GRIMBERG

Sumário

Apresentação	9
Prateleiras	11
Relógios	12
Pasárgada	13
Mistério e terror	14
Solidão	15
Paixões	16
Natureza	17
A ilha	18
Circos	19
Chuva	20
Momento	21
Linda	22
Sentidos	23
O primeiro	24
O segundo	25
Um conto costurado	26
E agora?	27
A pena	28
O trem	29
Medo	30
Minha mãe	31
Meu pai	32
Amarcord	33
Ano 2020	34
Ventos	35
Diálogos	36
Fugas	38
Infinito	39
Amigos	40
Árvores	41
Ira	42
Teatro	43
Corrida	44
Perfumes sentidos	45
De repente	46
Picadeiro	47
Óperas	48
Elogios	49
Borboleta azul	50

Opiniões	51	Encontros	73
Caminhadas	52	Felicidade	74
Domingo	53	Tarde	75
Vacinas	54	Olhares	76
Amores	55	Tensões	77
Sinos	56	Desejos	78
Menina	57	O quadro	79
Champanhe	58	Conselho	80
Realidade	59	Lembranças	81
Espelho	60	O concerto	82
O beija-flor	61	Faz sentido	83
Pensando...	62	Dúvida	84
Mundo	63	O vinho	85
A bola	64	O parque	86
Piratas	65	Cartão de crédito	87
Saber	66	Sou	88
Lua	67	A Terra é o nosso lar	89
Astronauta	68	Confusão	90
O cão	69	Gargalhar	91
Revolta	70	Vincent	92
Perguntas	71	Gira	93
Conclusões	72	Seguindo a vida	94

Sumário

Apresentação … 9	Medo … 30
Prateleiras … 11	Minha mãe … 31
Relógios … 12	Meu pai … 32
Pasárgada … 13	Amarcord … 33
Mistério e terror … 14	Ano 2020 … 34
Solidão … 15	Ventos … 35
Paixões … 16	Diálogos … 36
Natureza … 17	Fugas … 38
A ilha … 18	Infinito … 39
Circos … 19	Amigos … 40
Chuva … 20	Árvores … 41
Momento … 21	Ira … 42
Linda … 22	Teatro … 43
Sentidos … 23	Corrida … 44
O primeiro … 24	Perfumes sentidos … 45
O segundo … 25	De repente … 46
Um conto costurado … 26	Picadeiro … 47
E agora? … 27	Óperas … 48
A pena … 28	Elogios … 49
O trem … 29	Borboleta azul … 50

Opiniões	51	Encontros	73
Caminhadas	52	Felicidade	74
Domingo	53	Tarde	75
Vacinas	54	Olhares	76
Amores	55	Tensões	77
Sinos	56	Desejos	78
Menina	57	O quadro	79
Champanhe	58	Conselho	80
Realidade	59	Lembranças	81
Espelho	60	O concerto	82
O beija-flor	61	Faz sentido	83
Pensando...	62	Dúvida	84
Mundo	63	O vinho	85
A bola	64	O parque	86
Piratas	65	Cartão de crédito	87
Saber	66	Sou	88
Lua	67	A Terra é o nosso lar	89
Astronauta	68	Confusão	90
O cão	69	Gargalhar	91
Revolta	70	Vincent	92
Perguntas	71	Gira	93
Conclusões	72	Seguindo a vida	94

Apresentação

SOU ENGENHEIRO APOSENTADO E SEMPRE TRABALHEI COM TECNOLOGIA DE PONTA. QUANDO PAREI, INICIEI UM PROJETO — QUE AO MESMO TEMPO É UMA PAIXÃO —, AINDA NÃO ACABADO, COM O VINHO E SEU MUNDO.

Antes desta triste pandemia, jamais pensei escrever poemas.

Preso em casa, perto de cair em depressão, um dia, no chuveiro, veio-me a ideia de escrever um texto ou um poema. Passados treze meses e muitos poemas e sugestões, resolvi colocar esses textos em um livro.

Os poemas são de meu livre pensar e vão desde os dedicados à família até os que se referem ao meu dia a dia. Na minha família, tenho alguns artistas. Minha mãe, Sarah Grimberg (1921-2005), gostava de escrever e chegou a publicar um livro de poesias (*A voz da alma*), do qual retirei a poesia "Sou", como homenagem a ela, para fazer parte desta coletânea.

A próxima geração também está representada nestas páginas com um verso escrito pelo meu neto, Bernardo, com sua colega de escola, Rafaella. Eles escreveram o verso "A Terra é o nosso lar".

Gostaria de agradecer a três pessoas especiais, que a cada poema escrito opinaram e, eventualmente, sugeriram breves mudanças e correções de texto. A primeira é a minha esposa e companheira há mais de sessenta anos, Esther Grimberg. A segunda é amiga de longa data, bibliotecária e declamadora, Ana

Klajman. Agradeço igualmente à amiga e advogada, Deana Weikersheimer, por sua assessoria jurídica.

Finalmente, sugiro ao leitor que leia este livro escutando uma boa música e bebendo um belo vinho branco, tinto ou rosé.

Tim tim!

Prateleiras

De repente desviei o meu olhar
Das páginas do livro que lia
Era só uma parada para descansar a vista
E também pensar no que tinha lido
E meus olhos foram parar nas prateleiras
Eram da minha estante de livros
Livros lidos ao longo da minha vida
Fontes de informação e prazer
Mirando cada título pensei
Quanto de bom e mau guardei
Das histórias e estórias
Mas não estavam ali somente os livros
Estavam pequenos objetos
Enfeites que comprei ou ganhei
Coisas de pessoas ou lugares
Que gostei e guardei
Sim, esses pequenos objetos guardavam lembranças
Olhando lentamente para cada um pensei
Nas pessoas, lugares e momentos vividos
Concluí então do passado bom
Dos poucos momentos tristes e de mágoas
Dos muito queridos amigos, alguns quase irmãos
Dei um longo suspiro de felicidade
E voltei a ler meu livro
Esperando continuar a enriquecer minhas prateleiras

Relógios

De sol, mecânicos, elétricos, eletrônicos
Analógicos ou digitais
De bolso, pulso, parede, de mesa ou de chão
De todos os preços. Caros e baratos
Existem há quanto tempo?
Não muito antigamente
Estavam presentes nas salas de jantar
Hoje não, mas será que um dia voltarão?
Com aqueles nostálgicos bang-bang ou aquele
                                              [ting-ting
Ou simplesmente dando só puro e austero
                                              [bang ou ting
Marcando cada hora ou cada fração dela
Todos para lembrar de alguma coisa
Quanto falta ou quanto passou
Fato ou evento
Acordar ou dormir
Almoçar, jantar, trabalhar, divertir
Ir a um encontro ou voltar de um
Chamar amigos, rezar, se medicar
Amar? Não! Amor não tem hora
Relógios! Relógios!
Sempre nos lembrando. Avisando
De que o tempo chegou, passou e vai continuar
                                              [a passar
Que a hora é agora e que o amanhã
Pode não ter mais hora

Pasárgada

Me desculpe Manuel Bandeira
Mas não vou embora para lá não
Você pôde ir
Mas eu, não vou não
Lá não sou amigo do rei
Nem conheço o Ciro II
Nem penso em ser seu amigo
Não sei o bem ou mal que fez
Só sei que morreu há mais de 2.500 anos
Não sou tão velho assim
Não vou embora para Pasárgada, não
Lá não estão meus amigos
Lá não estão meus parentes, meus amores
Não vou embora para Pasárgada, não
Lá não terei com quem papear, rir, chorar
Beber e comer do bom e do melhor
Vou ficando por aqui mesmo
Vivendo na minha terra com seus erros e acertos
E quem sabe?
Daqui a mais 2.500 anos, um futuro Bandeira
Um bom poeta vai querer
Vir embora para cá?
Mas eu? Não vou para Pasárgada, não!

Mistério e terror

Até eu me casar
Não as conhecia
Mas elas já existiam
Sendo distraído, nunca as notei
Mas que existiam, existiam
Acho que estavam também na casa dos meus pais
Mas ao casar comecei a tomar ciência delas
Vieram com a minha senhora
Que sem demora as guardou
Eram grandes, médias e pequenas
Com o passar dos anos
Notei que minhas amigas
As criavam também
Sim, elas se reproduzem
Têm até nomes
Muitas vezes saem de casa
Em busca de companheiras
Minha mulher as protege
Aqui em casa, já começaram
A invadir meus espaços
Umas mais velhas, outras novinhas
Não sabeis quem são?
Como ousas?
São as BOLSAS!

O autor deste poema prefere não se identificar em virtude do forte medo da sua senhora, das amigas e das bolsas

Solidão

O sol se apagou
Mais um dia se foi
Ao longe o som de uma TV
Não muito perto, o grito alegre
De crianças brincando
Nada mais
Silêncio vence e traz agonia
O coração aperta
A memória desperta
Lembranças más
Vontade de chorar
Lembranças boas
Um sorriso espontâneo
Ficamos, então, na solidão
Com a vontade de acabar com o vazio
De rir, rir muito, rir
Mas estamos sós
Na solidão
Amanhã. Quem sabe?
Quando o sol acender
A luz aparecer
Os amigos encontrar
A solidão vai se esconder
Até o sol se apagar

Outubro de 2020

Paixões

Quanto dura uma paixão?
Sim, uma paixão verdadeira
Aquela que não pode esperar
Não pode largar
Aquela que dá alegria
Ou tristeza
Se dá felicidade, quando acaba
Deixa o amor, a saudade
Se dá desgosto, quando acaba
Deixa o oposto
Você conhece alguém?
Que nunca teve paixão
Por outro ser humano, por um animal
Por uma joia, um chocolate
Por uma viagem, por um local
Por um momento desejado?
Sim, todos nós temos paixões
Fortes, pequenas ou moderadas
Umas duram muito pouco, são ligeiras
Outras duram muito, uma infinidade
Aquele que tem paixões de qualquer maneira
É feliz a vida inteira!

Natureza

Tem gente que pensa
Ou não pensa?
Que vive na natureza
Vive, mas não faz parte
Mora
Não cuida muito dela
Tanto faz sua grandeza
Não se preocupa com a limpeza
Nem observa a sua beleza
Acorda essa gente
Diga que não mora, não
Diga que como o mar
A terra, o ar
Ela faz parte da natureza
Diga a essa gente
Que como a raiva e o amor
Como o sol e a chuva
Diga a essa gente
Que ela é parte da natureza
Diga a essa gente
Participa, cuida desta beleza!

A ilha

Nasceu de uma explosão
Vive como um vulcão
Dias serenos
Dias de explosão
A ilha muda de posição
Já esteve no Atlântico
Ficou algum tempo no Mediterrâneo
Hoje com suas praias pacíficas
Está no Pacífico
A ilha tem praias lindas
Beleza verdejante
Areias claras, águas límpidas
Tem dias de águas calmas
Mas tem também dias de ressaca
Ondas altas e perigosas
Mas esses dias são poucos
Tem muita gente que gosta dela
Outras, muito poucas, nem tanto
Adoro esta ilha, minha mulher também
Quem é esta ilha?
A minha filha!

Poema dedicado à minha filha
Rosane em seu cinquentenário

Circos

Desde menino tenho uma paixão
Circos! Circos!
Grandes ou pequenos
Não interessa
São circos
Teatros mágicos itinerantes
Ricos ou pobres
Com um, dois e até três picadeiros
Caminham pelo mundo afora
Levando emoções
Palhaços, equilibristas, trapezistas
Mágicos e contorcionistas
Com suas orquestras estridentes
Até há pouco tempo tinham animais
Agora não têm mais
Mas concordemos
Era eletrizante a entrada
Cavalos, elefantes, tigres ou leões
Agora não têm mais
Está certo! Viviam em jaulas
Pobres animais viajantes sem paz
Mas o circo vive bem sem eles
Continuam a emoção, o perigo e a diversão
Os circos existem desde tempos atrás e
Viverão muito mais!

Minha homenagem ao Cirque du Soleil

Novembro de 2020

Chuva

Forte ou fraca
Seu barulho não me incomoda
Chega a me deixar tranquilo
Muitas vezes, não poucas
Me traz nostalgia
Memórias de outros tempos
Uns bastante atrás, outros nem tanto
Da infância me lembro bem
Do vidro com vapor na janela
Do meu olhar, a chuva caindo
Da segurança de estar protegido
E do dedo desenhando no vapor
Da juventude me lembro também
De ter que parar
De nada para fazer, ler, conversar
Escutar a vitrola tocar
Da maturidade, ao som da chuva
De amar, amar muito e relaxar
Que paz a chuva me traz
Da velhice prefiro não falar
E deixar a chuva cantar

Momento

The time is now
O tempo é agora
Diz uma canção de um musical
Tomorrow, who knows? Who knows?
Amanhã, quem sabe? Quem sabe?
Agora? Agora?
Com toda esta loucura mundial?
Sim, claro!
A canção só não diz se o agora
É bom ou ruim
Mas o amanhã pode não existir
O bom pode ser ainda melhor
O ruim pode não ser tanto assim
Mas o recado é dado
Aproveitemos o momento bom
Lutemos para extinguir ou suportar o mal
Ria mais ou chore menos
Porque o amanhã
Who knows? Who knows?
Quem sabe? Quem sabe?

Novembro de 2020

Linda

Tive uma tia
Que como o nome dizia
Foi linda
Inteligente, dinâmica, executiva!
Na juventude foi de grande beleza
Linda
Dever ter tido muitos amores. Destes nada sei
Muito me ajudou a vida toda
Não monetariamente enquanto viva
Mas na busca do meu primeiro emprego
Me emprestava seu fusca, sem apego
Quando solteiro muitas vezes. Sem constrangimento
Usava o seu apartamento
Casou mais velha e viúva cedo ficou
Anos depois, sem perder sua beleza
A doença a atacou, não merecia
E tudo esquecia
Não teve filhos
Mas tinha sete sobrinhos que amou
Aos 93 anos, nos deixou
Um pouco antes da pandemia
Será que ela sabia?
O trabalho que daria às sobrinhas
Que por muito tempo a atendiam
Partiu tranquila em pleno verão
Linda! Linda! Não a esquecerei, não!

Sentidos

Dormir ouvindo o barulho
Ao longe das ondas do mar
Ouvir a música suave a tocar
Acordar ouvindo pássaros a cantar
Sentir o aroma do ar puro da montanha
Do mato fresco, da grama molhada
Ah, respirar, respirar!
Tocar suavemente a mulher amada
Sentir o veludo da flor, da pele
Do amor
Tato gostoso, toque de paixão
Tato, toque, carinho, desejo
Deliciar-se com o prato preferido
Da mãe, da vó
Saborear o vinho preferido
Veja um mundo melhor
Junte todos os sentidos
Do passado e do presente
Leve na memória todos que gostou
E no futuro
Sinta novamente aqueles com que
Mais se emocionou!

O primeiro

Quando o dia raiou
Algo de muito bom aconteceu
Naquele dia de sol
Uma luz se acendeu
E muito me emocionei
Pois avô me tornei
Quando o vi
No braço do meu filho
Chorei
Sim, chorei de alegria
E o tempo passou
Passou, passou
Hoje, quase 10 anos depois
Um belo garoto ficou
Inteligente, esportista
Vascaíno se tornou
Bom aluno e bom filho
Gosta de ler
Admira a poesia
Amo de paixão
Não sei quantas namoradas tem
Mas aguardo
Meu querido Bernardo!

O segundo

Diz a tradição que todos
Querem um irmão
Foi o que aconteceu
Para alegria da família
Quando o vi
No braço do pai
Novamente me emocionei
E também chorei
Até um ano de vida
Pouco falava, pouco se mexia
Mas observava, observava
Durou pouco o silêncio
De repente, como uma explosão
Começou a falar, a correr
Não parou mais desde então
Adora carrinhos e presentes
Hoje com 8 anos
Lindo, bonitão
Inteligente como o irmão
Não rejeita um sorvetão
Amo ele igual ao irmão
Acredite
Ele é meu neto Felipe

Um conto costurado

Vou lhes contar uma estória
Que, se não me falha a memória,
Acontece no mundo todo
Vou lhes contar a pedido, a vida de um vestido
Nasceu em um ateliê famoso, feito dos mais
[finos tecidos
Numa loja chique foi parar. Até na vitrine ficou
Um dia, uma mulher o comprou
Ficou feliz de sair, de festas participar e muito passear
Muitos elogios o vestido ganhou
Ficava feliz ao vestir sua dona
Mas um dia, parou de sair do armário
Sua dona nunca mais o usou. Ficava triste e amassado
Com outros muitos vestidos, tristes também
Mas o tempo passou, passou
Um belo dia foi retirado
Para um brechó enviado
Chorou, chorou
Então a sorte virou
Uma outra mulher o comprou
E muito o usou
Ficou novamente feliz
Muito tempo depois
Se acabou!

Este poema foi encomendado por uma
grande amiga, Deana W., que quis
homenagear os muitos vestidos que tem

E agora?

Caro Drummond
Nasci quando seu poema foi publicado
Como me chamo José
Me acho no dever de responder
E agora, José?
A festa não acabou
A luz não se apagou
O povo, pobre povo, não sumiu
E por aí segue o seu belo poema
E agora, José?
Vejo que o mar não secou
Amo essa vida. Amo a terra, o ar, o mar
A música escutar, um livro ler
A minha mulher beijar
Com os amigos estar
Um bom vinho beber
Tento fazer poemas
Me desculpe a pretensão
Amo, protesto e sigo a vida
Até onde der
Portanto, caro poeta
Eu não sou o seu José
Não!

A pena

Se soltou de um pássaro
Não era pequena
Flutuava no ar
Ao sabor do vento
Ora subia
Ora descia
Seria como nossa vida?
Ora para cima
Ora para baixo
Flutuava, flutuava
Suavemente bela
Para onde iria?
Assim como nosso futuro
Onde vamos parar?
Quando a pena iria aterrizar?
Talvez ainda poderia
Ao sabor do vento voltar
A voar
Mas um dia certamente
À terra chegar
Em um vale parar
A vida, o vale, a pena

O trem

Rápido, veloz como uma flecha.
Vai o trem. No seu interior,
Um senhor. Triste, só a pensar.
Qual seria o seu destino?
Será que não queria embarcar? Não queria viajar?
Mas veloz ia o trem.
Era tanta a velocidade,
Que não se via uma cidade.
Um campo, um pasto, uma montanha.
Era como a rapidez de uma vida ganha.
Triste senhor. Saltou na primeira parada.
Quando o trem começou, lentamente, a se mover,
Da minha janela, o pude ver. Triste a caminhar.
Sem ninguém a esperar.
Segui a viagem a pensar,
Como sou feliz
De ter visto a vida passar.
Quando minha estação chegar,
Queridos amigos e parentes
Poderei encontrar.
A vida é como viajar de trem.
Rápida, veloz e com muitas
Estações a parar.
Cabendo a cada um de nós decidir
Em quais saltar.

Medo

Você conhece alguém,
Qualquer pessoa,
Forte ou fraca,
Ou mesmo animal,
Que medo não tem!
Já nascemos com medo,
Se assim não fosse
Sorriríamos e não choraríamos
Ao neste mundo chegar.
Temos medo do desconhecido,
Medo do futuro,
Do leão e da barata,
De um segredo revelado,
De pensamentos guardados.
São tantos os medos
Que não dá para listar.
Mas para cada temor vencido,
Cada fase ruim passada,
Felizes ficamos ao eliminar
Este medo.
Mas sempre aparece outro
E assim vamos vivendo.
Quanto mais medos eliminamos
Mais felizes ficamos. Pense bem,
Quantos medos você tem!

Minha mãe

Não posso me queixar, nem meus irmãos,
Da mãe que tivemos. Da sua dedicação,
Da sua bondade e atenção.
Educadora e protetora,
Sempre bem disposta.
Em nossa casa,
Meus amigos recebia
Se queriam almoçar,
Sem problemas, todos comiam.
Sempre alegre e carinhosa,
Mas, às vezes, poucas por sinal,
Irritada ficava e um chinelo voava.
Correr em volta da mesa era nosso esporte,
"Quantas voltas derem, chineladas irão ganhar".
Nunca ouvi dela um palavrão, não era bonito então.
Formada contadora, tapetes também bordou.
Batalhou muito no final da vida,
A doença a pegou.
Poemas lindos escreveu,
Um deles dizia:
"A vida sempre me sorriu".
Infelizmente partiu,
Uma mulher rara,
Seu nome era Sarah!

Dezembro de 2020

Meu pai

O mais velho de sete irmãos. De todos gostava,
Com cunhados e cunhadas bem se dava,
Dos sobrinhos era amigo.
Como pai, tinha um manual antigo,
Todos juntos à mesa na hora do jantar.
Comer manga nem pensar,
Patins ou bicicleta? Seria quebrar o braço na certa.
Era metódico. Hora certa de sair para o trabalho,
Hora certa de voltar do trabalho.
Tinha orgulho de todos os filhos,
Se orgulhava da carreira que tomaram.
Adorava todos os sete netos, que o amavam também.
Respeitava genros e noras,
Como minha mãe, não falava mal de ninguém.
Mas em certas horas...
Quando nervoso ficava, era bom sair de perto.
Seu defeito era amar o jogo. Bicho, baralho, roleta.
Mas tinha muitas qualidades,
Ajudava a quem precisava.
Ópera adorava. Algumas até chorava quando ouvia.
Quando parou de trabalhar, a doença o pegou
E cedo o apagou. Minha mãe dele cuidou,
Acho que muito se amavam.
Muito pouco sei da sua infância e juventude. Lamento.
Foi querido por todos. Para muitos, um amigão,
Seu nome era Matheus João.

Amarcord

Lembro-me muito bem,
Na estrada da vida.
Amarcord!
Das idas ao cinema,
Infância, juventude, até hoje.
Dolce vida!
Como Ginger e Fred.
Amarcord!
Papos com amigos depois do cinema,
Comemos uma pizza em Ipanema?
Gostei, não gostei, cada um com sua opinião,
Os boas-vidas então,
Amarcord!
Os risos e lágrimas tirados das telas.
Anita, Sofia, Claudia, todas belas.
As noites de Cabiria,
Julieta e seus espíritos, não a nós caberia,
Amarcord!
Roma eterna e bela.
Amor de trás para a frente.
Fico lembrando, de repente,
Que *La Nave Va*,
Amarcord, Federico Fellini, OBRIGADO!
Amarcord!

Amarcord é uma referência à tradução fonética da expressão *a m'arcord* ("eu me lembro"), usada na região da Emilia-Romagna, onde o diretor nasceu

Ano 2020

Finalmente está acabando.
Um ano que não existiu.
E à caverna nos fez voltar.
Antes, de lá não saíamos com medo das feras,
Hoje temos o vírus a nos aterrorizar.
Ao invés da fumaça ou tambor para se comunicar,
Usamos o celular.
Ao invés de desenhos rupestres nas rochas,
Emojis gravamos no computador.
Ao invés de sair para caçar,
O delivery passamos a usar.
Ano de medo para muitos.
Quantos conhecidos, amigos e parentes
O vírus levou?
Restou a esperança, para o ano que se inicia,
Tudo retornar ao normal.
Então, como robôs voltaremos,
Nas ruas a caminhar, usando o celular,
Felizes a todos abraçar!
Salve, 2021!

Ventos

Existem muitos tipos de ventos.
Fracos, suaves, brisas e fortes
Nos acompanham a vida inteira.
Ao nascer, ganhamos o sopro da vida,
Berramos de alegria na chegada.
Ao morrer, o sopro da despedida.
Ventos, ventos!
Os sussurros também são ventos.
Ao pé do ouvido, podem despertar
Desejos, amores, paixões.
Ventos fortes, furacões,
Trazem medos e temores,
Ventos suaves, brisas,
Do mar, do campo e das montanhas,
Trazem a alegria de viver!
Lembranças das boas coisas.
Sinta sempre o vento,
Seja ele natural ou artificial.
Mas jamais esqueça que
O melhor vento é o da esperança!
Que deve soprar em nossa mente
Eternamente.

Diálogos

C — Alou, é a prima Zênica?

Z — Sim, sou eu, prima Cloro.

C — Tudo bem? Saudades.

Z — Pois é, já tem cinquenta minutos que não nos falamos.

C — Como vai o seu avô Felipe?

Z — Estava ruim das baterias, mas já melhorou.

C — Prima Zênica, continua falando sem parar!

Z — E o seu avô Bernardo, continua escrevendo poesias?

C — Prima, o que é escrevendo?

Z — Difícil de se explicar pelo celular.

C — No passado, usavam os dedos para se comunicar.

Z — Prima, você sabe tudo! Também com o novo chip da Google implantado em... você!

C — Você sabia que o pai dos nossos avôs era pescador?

Z — Então era do Greenpeace, pescava todos os plásticos do mar?

C — Grande homem! Um benfeitor da humanidade.

Z — Mudando de assunto... Onde você vai passar a virada do século?

C — 2100 vem aí! Vou para Paris! Uma cidade muçulmana bem legal.

Z — Dizem que lá tem ótimos pilusantes, chefs fármacos famosos.

C — Já reservei o meu tubo de vácuo Musk. Em duas horas chego lá.

Z — Prima Cloro, você sabia que no passado os tubos voavam?

C — Eu sei, nossos avôs viajavam neles, Rio-Paris levava doze horas.

Z — Que absurdo! Prima, vou ter que desligar pois o meu braço direito está com a bateria acabando e o braço esquerdo não funciona muito bem desde que nasci.

C — Feliz 2100! Um beijo!

Z — Prima Cloro, o que é beijo?

Fugas

Vivemos sempre fugindo.
Da dor, do medo, do desconhecido.
Partindo, sumindo, orando,
Acreditando que fugir é o remédio.
Fuga do problema, fuga da doença.
Será que fugir é covardia?
Em certos casos não, pois não é culpa nossa.
Mas, em outros casos, sim!
Nesses não fujamos, não!
Enfrentemos os fatos e os atos,
Se vencermos, muito bem!
Se perdermos, ao menos lutamos.
Batalhas perdidas podem ser vitórias,
Glórias pessoais, porque não houve fuga.
Mas e a fuga da velhice, da ruga?
Essa dá para enfrentar,
Com o prazer das coisas que gostamos,
Dos papos, dos sorrisos com os amigos,
Da família que adoramos,
Da comida, do vinho e da música!
Não fujamos da mágica do amor.
Temos muito a sonhar e dar.
Sugiro então ouvir as fugas de Bach.

Infinito

Sonhei um dia,
Um sonho com alegria,
Nada de coisas do dia a dia.
Viagem longa, sem agito.
Havia chegado ao infinito!
Estranho, não?
Mas com sono profundo,
Lá estava eu no fim do universo,
Sobre o qual tanto converso.
Que sonho alegre irmão.
Lá não tinha guerra, não!
Só a paz sempre aqui desejada.
Não havia dores, nem rancores.
Só havia a perfeição,
Dos amores, dos vinhos, das flores.
Lá a alegria de viver era obrigação.
Que leveza, que pureza!
Não queria acordar, com certeza.
Será que o infinito é assim?
Se alguém lá já viveu,
Por favor, confirme para mim.
Mas de repente voltei!
Acordei e vi que sonhei.
Quem sabe um dia?
Ao infinito voltarei!
Voltarei!

Amigos

Certa vez, caminhando com rapidez no centro
[da cidade,
No meio da multidão,
Parou-me uma pessoa, que eu desconhecia.
Falou então:
— Olá, José, meu amigo, como vai você?
Fiquei confuso. Teria esquecido o amigo?
Ou ele havia envelhecido?
Notando o meu espanto, perguntou:
— Amigo José, não se lembra de mim?
— Trabalhamos juntos no banco.
Logo lhe expliquei que era engano.
Sim, meu nome era José,
Mas jamais havia trabalhado em banco.
Constrangido, o fulano se desculpou e partiu.
Sumiu no mundo de gente.
Pensei, então, como poderia esquecer um amigo?
Amigos, sejam de qualquer fase da vida,
Não são esquecidos. Nunca!
Conhecidos, colegas de escola ou trabalho, sim.
Amigos são forjados com o tempo. Podem até sumir,
[desaparecer.
Mas não das nossas mentes,
Que os guardam para sempre em seus cantos,
Sejam poucos ou tantos.
Então, meus amigos, do passado e do presente,
Informo a vocês que estão na minha memória
Para sempre! Para sempre!

Árvores

Árvores,
Seres vivos que me encantam,
Os poetas as cantam.
No planeta Terra, há
muito tempo estão,
Várias eras, muito antes de nós.
Nascem, crescem e morrem.
Árvores só nos fazem o bem
Nos dão flores, frutos e sombra também
Servem de refúgio e lar a animais.
Não existem seres iguais.
Conforme as estações do ano,
Suas folhas diferentes cores têm.
Algumas servem para cura,
Mas, então, por que a loucura
Do homem que as mata?
Por ambição nata.
Morrem de pé, sem reagir,
Cortadas ou queimadas.
Coitadas! Mas resistem!
Algumas vivem mil anos.
Viverão muito mais, é bom lembrar,
Que depois do *Homo sapiens* acabar,
Na Terra, as árvores aqui vão estar
Para novos seres ajudar!

Ira

Raiva, ódio!
Quem nunca sentiu?
A vida é bela?
Até você levar um chute na canela.
Não fique triste se você volta e meia a tem.
A ira faz parte da natureza também.
Assim como um vulcão ou um terremoto.
Que nem sempre acontece, mas aparece, eu noto!
A ira, como os fenômenos naturais, causa danos.
Físicos ou morais.
Você pode perder negócios especiais.
Ou pior, brigar com amigos de anos!
Motivos que podem ser enganos.
Portanto, quando a ira vem,
Pare e pense bem. Respire fundo.
Pode não ser o fim do mundo.
Mas, se não for capaz de o ódio aplacar,
Dê um mergulho no mar.
E, quem sabe, o ódio esfriar.
Pode ser, pode ser...

Teatro

Há tempos as cortinas não se abrem,
Não sinto o sorrir de alguém,
Uma lágrima cair.
Não escuto mais aplausos,
Não vejo mais atores e autores bons ou famosos,
Onde estão?
Foram todos engolidos pela televisão?
Onde está *Antígona*?
A Visita da Velha Senhora aconteceu?
Por onde andam os *Pequenos Burgueses*?
Saíram no *Bonde Chamado Desejo*?
Não os vejo!
Tenho sede de uma *Gota D'Água*.
Com mágoa, constato que o *Romeu e Julieta*
Virou sobremesa! Que tristeza!
Não cabe aqui listar as peças, os autores e atores,
São muito mais de mil,
Da Antiga Grécia até hoje. O que aconteceu?
O teatro morreu?
Claro que não! Adormeceu!
Um dia, espero que venha logo, vai acordar!
E a plateia novamente conquistar.
Voltaremos então a chorar e a sorrir,
Quando a cortina se abrir,
E muito aplaudir!

Corrida

Vai, vai!
Corre, corre!
Não demore!
Parta logo,
Vá ver o mundo!
Não em um segundo,
Mas em horas, dias, meses,
Talvez anos,
Quantos enganos!
Corre, corre!
Devagar, veja a miséria que ocorre.
Veja quanta gente diariamente morre!
Na guerra, na doença e na fome!
Correndo, volte para seu lugar
E pare de reclamar!
Compare então os seus problemas,
Resolva os seus dilemas,
Fique feliz por tê-los.
Não resolvidos? Fale com amigos!
Resolvidos?
Corra para celebrar com eles também!
Mas não esqueça,
Problemas todos têm!
Então corre, corre...

Perfumes sentidos

Respire fundo, bem fundo.
Sinta os aromas do mundo.
Perfume suave que a brisa do mar traz,
Brisa gostosa, acariciante, relaxante demais.
Bem longe da terra,
No meio do oceano, em sua imensidão,
Sinta o cheiro zero da poluição.
Em um imenso jardim,
Aprecie o cheiro do jasmim,
Das outras flores também.
E os odores que a cozinha traz,
Delicie-se com o aroma do doce ainda no forno.
Esqueça o asfalto, o cimento, a gasolina!
Lembre, depois da chuvarada,
Do cheiro da terra molhada.
Abra um bom vinho e sinta aromas mil,
Que delícia! Que prazer!
Antes, durante e depois de beber,
Do presente e do passado,
Que ficaram na memória!
Perfumes, perfumes de toda gama.
Os melhores são
De quem você ama!
Ah, que perfumes!
Mas cuidado, muito cuidado!
Perfumes podem trazer ciúmes!

De repente

De repente,
Um lance de olhar dei.
Querendo fotografar
O meu último dia no colégio, lembrar,
Depois de 7 anos, lá estudar.
Iria vestibular prestar.
Era o recreio!
Barulho alegre do falatório junto ao bar
Quando uma aluna mais nova notei.
Rindo e falando com os colegas.
Era linda demais. Luminosa!
Não sabia quem era, mas me apaixonei!
Uma foto dela tirei e guardei.
Hoje, passados quase 60 anos,
A foto não sei onde está, mas a garota comigo ficou.
Namoro, noivado, casamento!
Filhos e netos ela me deu.
Dias alegres e tristes.
Estes últimos, muito poucos.
Amigos, festas, viagens,
Amiga, conselheira, cuidadora e amante.
Assim vamos vivendo até onde der.
Seu nome é Esther,
Uma grande mulher!
A vida está cheia de repentes.
Aproveitem!

Picadeiro

A vida é um circo? Uns dizem que sim.
Outros dizem que não.
E então? Se sim,
Você está na plateia ou no picadeiro?
Sem dinheiro?
Você é um equilibrista na corda bamba.
Investidor?
Caramba! No trapézio, com certeza.
Conquistador? Casado ou solteiro.
Você é um equilibrador de pratos certeiro.
Comerciante? Mágico importante.
Industrial? Atirador de facas sem igual.
Casado com megera? Domador de fera.
Existem muitos números circenses.
Escolha um e veja seu ato.
Se achou o palhaço,
Parabéns! Na difícil vida real, você faz o mundo sorrir.
Mas, se escolheu estar na plateia,
Pense! Pense ligeiro.
Você pode se alegrar, rir ou chorar.
Mas deve existir um número perfeito para você no
[picadeiro estar.
Finalmente, volte a pensar.
O circo não é a vida a passar?

Óperas

Vamos com *Aida* em marcha triunfal.
A uma festa sem igual
Na bela casa de Julieta, a *Traviata*.
Beberemos, brindaremos como o *Alfredo*
A alegria da vida e do amor no coração.
Sempre livres. Sempre livres.
Seguiremos ouvindo *a Flauta mágica*
E o trovador a cantar.
Nesta noite, ninguém dorme, ninguém dorme!
Convidemos a *Tosca*, que triste está.
Graças a *Nabucco*, vamos pensando.
Quantas festas teremos?
Às *bodas de Fígaro*? Não poderemos faltar.
Ao *baile de máscaras*? Também lá estar.
Quanta gente iremos encontrar,
Don Giovanni, o *Rigoletto*, o *Otello*.
Carmen, a *Norma*, a *Butterfly*.
Lucia di Lammermoor irá? Claro que não!
Ficou louca com um morcego no castelo.
Além do mais, tinha medo de uma garça ladra!
E os convites? Como a nós chegarão?
Cartas portuguesas os trarão!
Partimos então!
Brindando. Brindando e...
A música escutar e a cantar!
Sempre livres, sempre livres!

Elogios

Quem não gosta de um?
Elogio é o carinho verbal.
Triste, quem não tem nenhum.
Elogio dá força, encoraja,
Faz você se sentir sem igual.
Dar elogio verdadeiro,
Vale mais que dinheiro.
Existem mais de mil,
Fáceis de achar,
Às vezes, difíceis de dar.
Como é bom sentir
A alegria de quem os ganhou.
Elogie a beleza, a inteligência,
A boa mesa, o vinho que tomou,
A música que ouviu e gostou.
Faça em silêncio autoelogios,
De frente a um espelho ou ao travesseiro,
Mas que seja real. Sem mentiras.
Elogie a natureza e sua beleza,
O ar que respira e o que lhe inspira.
Procure para quem você ama um elogio especial.
Afinal, elogio verdadeiro nunca faz mal.
Elogie! Elogie!

Borboleta azul

Bem no início do verão,
Um fato curioso comigo aconteceu.
Numa manhã de domingo,
Cedo ainda, como de costume,
Passeava com o meu velho cão,
Quando, de repente, ele estancou.
Parou junto a um degrau externo
De uma velha casa, que hoje é uma escola.
Ele com cara de não me amola,
Não queria sair, puxei levemente,
E ele não me deu bola.
Quando mais fortemente ia puxar,
Veio em torno de mim uma borboleta a voar.
Era de tamanho médio, linda!
Azul, de uma beleza sem fim.
Pousou suavemente no degrau e fechou suas asas.
Acho que esperava que eu a pegasse.
Encantado, não o fiz.
Minha rua nunca teve borboletas. O que seria então?
Aquela bonita natureza, no meio da poluição?
Como não a toquei, e o cão continuava parado,
A borboleta abriu suas asas azuis e voltou a voar.
Deu duas voltas e sumiu. Pensei então:
Como a vida abre brechas na alegria ou tristeza
Para mostrar sua beleza!
Ah, e o cão? Continuou paradão!

Opiniões

Sai, sai da multidão!
Corra para o que diz o seu coração!
Não aceite uma opinião prontamente,
Use a sua mente!
Analise e avalize também
Soluções dadas por alguém.
Na falta da sua expertise,
Procure quem as tem
E as conhece bem.
Opiniões podem ser boas ou ruins,
Sempre as ouça, nunca as despreze.
Opinião para outra pessoa?
Se o tema não é de seu saber,
Me perdoa, recomendo se abster.
Se as quer dar, veja o que vai falar.
No dia a dia da vida,
Muitas opiniões são dadas
E não vendidas...
Portanto, para não se machucar,
Na maioria das vezes,
É bom se calar!

Caminhadas

Caminhar, caminhar,
Rápido ou devagar.
Na areia, ouvindo as ondas do mar.
Sentir na face o refrescante ar.
Ver as gaivotas a voar.
Com calma e tranquilidade,
Use seu livre pensar.
Misture passado, presente e futuro,
Do passado, as alegrias e tristezas vividas,
Do presente, se mágoas tem,
Afogue-as na água salgada,
Fria, gelada, que molha seus pés.
Pensar no futuro, dúvidas.
Mais alegrias? Mais tristezas?
Todas virão e todas passarão.
Programe a felicidade,
Para que essa dure mais.
Programe a tristeza,
Para você ter a força de uma fortaleza.
Caminhe, caminhe sem parar,
Sempre o bem mais a pensar.
E, quando findar o andar,
Corra para a vida aproveitar!

Domingo

Meu caro Vinicius de Moraes,
Sempre fui e serei seu fã.
Você fez poesia e poemas belos demais.
Mas, porque hoje é domingo,
E não é o seu sábado, ouso escrever.
Porque hoje é domingo,
Dia de descanso no meu Rio.
Porque hoje é domingo,
Todos despertam mais tarde,
Cansados das festas, dos cinemas,
Dos encontros e jantares com amigos,
Do dia anterior que invadiu o domingo!
Porque hoje é dia de comer bem,
De almoçar com a família,
De visitar aquela tia.
Porque hoje é domingo,
De ler o jornal de cabo a rabo,
Tirar a soneca tão esperada,
Dar beijos na amada,
Escutar a música do Fantástico,
Do vizinho ou em casa,
Comer a pizza com vinho!
Porque hoje é domingo,
Adormecer, deixando o livro na cabeceira,
Porque amanhã é segunda-feira!

Fevereiro de 2021

Vacinas

A vacina está chegando,
Seja aqui ou acolá!
Vacina tem história.
Se não me falha a memória,
A primeira foi para varíola.
Edward Jenner no século dezoito a criou,
E o mundo todo a adotou!
Desde então, para cada epidemia que surgia,
O povo pedia e a medicina corria
para uma vacina encontrar.
Nunca foi fácil, levavam anos a trabalhar,
Nem sempre tiveram sucesso,
Mas as que surgiram, muitas vidas salvaram.
Com o avanço da tecnologia, os cientistas
Mais rápido vacinas encontraram.
Mas ainda falta muitas doenças curar,
Muitas vacinas virão e muitas vidas salvarão.
Mas será que surgirão vacinas para curar doenças
Tais como a indiferença, a ausência de amor
                                      [ao próximo,
A falta de interesse pelo sofrimento alheio e outras
doenças do tipo?
E quando a ciência as criar,
Aí então, tenho certeza, podem crer,
Muito mais do que se imagina, mais vidas
                                      [irão proteger
Por favor, cientistas, descubram essas vacinas!
E eu os louvarei e agradecerei!

Amores

Quanto tempo duram os amores?
Para uns, pouco,
Para outros, muito.
Não falo de paixões,
Estas são verdadeiras explosões.
Geralmente, elas plantam amores.
Amores bem regados e cuidados
São como as árvores, nascidas de uma semente,
Semente que vem de um fruto,
Muitas vezes caído livremente no chão,
Outras, tirado à mão.
Os amores crescem então.
Como os amores, as árvores sofrem com os ventos
                                        [e tempestades,
Mas têm muito mais dias de sol.
Os troncos ficam firmes, fortes, geram folhas e frutos.
As raízes se aprofundam, alimentam e dão segurança.
Os amores repetem a natureza.
Eu tenho um amor bem conservado, bem regado.
Me deu frutos, todos belos e saudáveis.
Amo a todos por igual,
Como uma forte árvore, vive há quase 60 anos.
Vida alegre e feliz.
Quero que o nosso amor dure muito mais.
Por minha linda mulher!
Esther!

Aniversário de cinquenta e quatro anos de casamento

Sinos

Para quem os sinos dobram?
Todas, ou quase todas, casas de oração cristãs
Têm campanários com sinos.
Uns imponentes, outros modestos.
Feitos de bronze ou de outros materiais,
Fornecem sons que podem ser ouvidos
Longe demais.
São sons para lembrar aos fiéis,
As horas e os eventos principais.
Uma reza, um casamento, um nascimento
e um falecimento!
Talvez, esses sinos toquem em todo o mundo,
Em cidades grandes, médias e aldeias.
Mas por que não os ouço mais?
Talvez, devido à poluição sonora,
Talvez, porque deveriam dobrar a cada morte.
Hoje, com a pandemia,
Tocar a cada hora, a cada minuto, a cada segundo,
Seria uma agonia, que enlouqueceria nossos ouvidos,
Aumentaria os nossos medos, nestes dias tão temidos.
Mas, como em todas as pestes do passado,
A pandemia irá um dia acabar,
Deixando muitos a chorar.
E os sinos voltarão a dobrar,
Para rezas, nascimentos, casamentos
E para lembrar as horas a passar!

Poema dedicado aos milhares de mortos pela pandemia de covid-19

Menina

Quem disse que amor tem idade?
Que maldade!
Amor tem duração,
Depende do coração!
Mas o meu bate feliz.
Tenho um amor que é um amor!
Forte, inteligente, amiga com saber.
Sempre bela de dar prazer.
Batalhadora, esposa, mãe, sogra e avó!
Ama todos por igual.
Amigas tem muitas, sinceras e queridas.
Adora seu celular, onde guarda e aguarda
Notícias mil.
Gosta de tudo que faz!
Digo e repito, a amo demais.
O meu amor a esta mulher
Já dura mais de meio século!
Isso não é mister!
O seu nome é de rainha,
Ela é a minha menina Esther!

Meu amor, pelo seu aniversário

Champanhe

Alguém me acompanha?
Ao champanhe ou champanha?
Vinho borbulhante sem igual.
Masculino, pois é vinho.
Feminino, pois é encantador como uma mulher!
Existe há menos de trezentos anos.
Desejado pela nobreza, amado pela realeza,
Dos reis aos czares. Hoje, em todos os lares.
Vinho que nasceu na região de Champagne,
De nacionalidade exclusiva francesa,
Mas o mundo todo o aprecia com certeza!
Seus milhares de bolhas são amados da visão
                                      [ao paladar,
Como sua cor, seu aroma e seu sabor.
Vinho de celebrar,
Aos sucessos, às esperanças!
Na mudança dos anos, aos desejos de tudo melhorar!
Dizem que Napoleão o achava importante nas vitórias
E indispensável nas derrotas!
Bebo com amigos e família, sempre que há algo
                                        [a festejar!
Nesses momentos, celebro a vida e homenageio,
A Moët, a Veuve, a Taittinger, a Cristal,
E outras mil etiquetas, sem igual.
Afinal, quem me acompanha no champanha?
Pow! Pluff! A garrafa está abrindo!
À vida brindemos sorrindo!

Março de 2021

Realidade

De repente acordei!
De susto? Não sei.
Olhei para o teto, para um lado, para o outro,
Nada diferente constatei,
Acho que sonhei.
Que sonho foi aquele, que me fez despertar?
Pensei, pensei, lentamente pensei,
Lembrei então que foi um pesadelo.
Como não o ser?
Era a realidade do mundo,
Com todas as suas mazelas e tristezas.
Levantei-me então e fui até a janela,
Amanhecia, o escuro se ia,
Silêncio quase total.
Bem longe, uma sirene gemia.
Fiquei triste com a realidade,
Mas, ainda na janela, para o céu olhei.
O dia que estava vindo seria lindo,
As últimas estrelas estavam se apagando,
Olhei então para dentro do meu quarto,
Na cama, minha amada tranquila dormia,
No chão, meu cão baixinho roncava.
Constatei então que, com todos os reais pesadelos,
Eu ainda tinha uma vida de bons sonhos.
Voltei a deitar, e feliz a sonhar!
E iria parar de reclamar!

MARÇO DE 2021

Espelho

Quer um conselho?
Procure um espelho! Não um qualquer.
Espelhos públicos não servem, não!
Tem que ser um só seu. Ou, quase seu.
Servem os do seu quarto, banheiro,
Closet e, se tiver, até o do chuveiro.
Fale então com ele, pergunte, ria ou chore.
Ele vai lhe responder.
A roupa apertou ou está folgada?
Olhando, você saberá por quê.
Barba ou cabelo feio?
Vai lhe mandar a um barbeiro, ou a um cabeleireiro.
Mas, atenção, o espelho serve para muito mais.
Problemas maiores ou menores
Devem ser contados para ele
Somente quando você estiver só.
Pergunte, para que só você e ele ouçam.
Aí com toda calma do mundo, a resposta virá
Do fundo da sua alma.
Afinal, tome o exemplo de uma velha
[conhecida madrasta,
Que perguntava ao seu espelho até ele dizer basta,
Se havia mulher mais linda do que ela.
Algumas vezes, a resposta pode não ser bela.
Mas a sua alma estará nela.
Pergunte ao espelho, mas, se ele próprio falar,
É melhor um psiquiatra consultar!

O beija-flor

Passeando com meu cão,
Um passarinho me chamou atenção,
Era um beija-flor.
Voando ligeiro,
Chegou a um arbusto,
Que tinha uma flor.
Como um jovem apaixonado, a beijou.
Rápido como chegou, rápido partiu.
Onde eu moro, é difícil ver esses passarinhos.
Progresso da cidade, com sua poluição,
Mas vejo que resistem e ainda existem.
O ato da avezinha lembra-me o passado,
Quando as donzelas ou damas, de um balcão,
Beijavam uma flor e a atiravam ao amado.
O cavalheiro a pegava e a levava ao coração.
Isto tudo acabou, com tristeza,
Mas a natureza, não morreu não,
Nem o amor.
Então peça a sua amada, que beije uma flor,
Como faz um beija-flor.
E lhe atire com ardor.

Pensando...

Quantas vezes, no nosso dia a dia,
Paramos para pensar?
Não falo no trabalho ou no lar.
Falo daquele pensamento rápido,
Que vem e passa com um piscar.
Geralmente bobagens, coisas sem nexo.
Ideias, fofocas, coisas más ou banais.
Então, você dá um leve sorriso ou aperta os lábios,
Atos que acontecem, disfarçados e bem pessoais.
— Esquece! Pensa ou diz baixinho para você mesmo.
E segue seus afazeres normais.
Mas, atenção, você pode ter tido um insight!
Ideias de algo novo a fazer.
Quem sabe, se as aplicar seria algo bom a ter,
Talvez algo que mude sua vida,
Para seu melhor entender,
Não pense em problemas e sim em soluções.
Passe algum tempo pensando,
Até definir o que lhe aprouver!
Pense! Pense sempre!
Para algo de bom lhe acontecer!

Mundo

Mundo gira, gira.
Você suspira.
Pensa em quê?
No dia a dia?
Na pandemia?
Na sorte?
Na morte?
Como o tempo corre.
Gira mundo, gira.
Aonde vamos?
Quando paramos?
Gira, gira, mundo!
O mal vai passar.
Levanta, não desespera!
Acompanhe essa esfera.
Apague a noite escura, mas não as estrelas!
Acenda o sol. Seque as lágrimas singelas.
Dê um sorriso à esperança.
Sempre na lembrança,
Que o mundo não para.
O mundo gira. Gira!
Gira!

A bola

Não se sabe bem quem descobriu a bola.
Mas foi há muito tempo!
Os chineses a usavam para treinamento militar,
Isso há mais de 5 mil anos!
Eram de pedra e não para brincar.
Com os anos passando a bola foi mudando.
De dura foi ficando macia.
Pano, couro, borracha.
Grande, média ou pequena.
Virou objeto central dos esportes que surgiam.
Tênis, basquete, voleibol e o futebol!
De campo ou de salão todos gostam,
De bater um bolão!
Mas não esqueçam de outros jogos, não!
Tem muito mais.
Bolas de vidro de gude e de madeira para totó.
Queridas por crianças e adultos.
No brinquedo ou no esporte de toda sorte.
Quem nunca ouviu uma mãe gritar:
— Menino larga esta bola e vai estudar!

Poema escrito para o meu neto Bernardo

Piratas

Vou lhes contar uma história
Que aconteceu há muito tempo.
Antigamente, viviam navegando, pelos mares,
Navios, na época chamados galeões.
E neles viajavam ladrões,
Que atacavam outros navios,
Roubando joias, ouros e pratas.
Eram os piratas.
Tinham caras de maus!
Alguns, pernas de pau.
Outros, olhos de vidro.
Dizem que escondiam seus tesouros
Em cavernas, ou enterravam em ilhas.
Hoje, piratas não existem mais.
Mas ainda tem gente que procura
Encontrar essas maravilhas.
Mas os piratas não foram esquecidos, não.
Vivem no cinema e na televisão.
Divirtam-se com eles então!

Poema escrito para o meu neto Felipe

Saber

Sabe que o saber é poder?
Sim, acredite, você não nasceu sabendo.
Aprendeu enquanto crescendo,
Na escola, em casa ou na vida.
A cada dia, a sabedoria é acrescida
E não deve ser esquecida.
Não esqueça as experiências vividas.
Não falo aqui dos ensinos das ciências,
Estes estão na mente, no papel ou na Web.
Esqueceu?
Abra o livro ou o computador,
Mas o aprendizado de vida,
Geralmente, não se encontra lá.
Cada fato vivido deve lhe auxiliar a crescer,
Sempre, sempre. Não os tire da mente,
Analise se foi ruim ou bom
E tente dar ao ruim um melhor tom.
As coisas boas devem sempre ser lembradas!
Mas, à medida que a vida passa, existe o perigo
Do esquecimento, esse inimigo!
Lute sempre, não desista de não aceitar o esquecer.
Será que Sócrates estava certo ao dizer?
— "Só sei que nada sei."
Acredito que cada um sabe um pouco ou muito.
Eu gostaria de sempre poder aprender
E não esquecer!

Lua

No escuro do meu quarto,
Sentado em um canto,
Vejo com encanto
A lua cheia,
Bem grande, bem prateada,
Bem feminina.
Lua dos amantes e dos namorados.
Tão cantada e falada.
Lua, oh lua, como você é especial,
Para mim e para minha mulher amada.
Sua luz entra pela minha janela.
Me ilumina e lembro do quanto a amo,
Mulher amada, também iluminada.
Mas estou só, e a nostalgia me contagia.
Lua, lua!
Não canso de olhar e observar suas crateras.
Existirão quimeras?
Parado fico a pensar e a me interrogar
Quão delicioso é amar à luz do luar,
Concluo, com o meu desejo de beijar.
Lua, se você é prateada, a minha mulher é dourada,
Mas sempre, ambas amadas!
Lua, ó lua!

Astronauta

Se um dia, se um dia
Um astronauta estiver viajando,
Em uma cápsula fria,
No silêncio do espaço,
Fugindo da sua Terra azul,
Para buscar outras vidas,
Inteligentes ou não,
A fim de encontrar vida melhor.
Um planeta sem fome, sem miséria,
Sem guerra ou tristeza,
Só tendo lá alegria.
Talvez ele encontre a utopia.
Existiria coisa melhor?
Vida perfeita, sem problemas,
Sem encruzilhadas ou dilemas.
Como seria bom! Ótimo! Perfeito!
Mas... chato, sem graça, sem ambição,
Sem os desejos e surpresas do destino.
Nada de risos ou choros com sua gente,
Pensa o astronauta, no que ele estaria abandonando.
Por que não dá meia-volta e retorna ao seu planeta
E ajuda a resolver os problemas da Terra azul?
Para você que me lê pergunto:
Voltaria ou seguiria no espaço, em busca da utopia?
Se sim, boa viagem então!
Se não, volte, volte! E nos dê um abração!

O cão

Às vésperas do Dia das Mães,
O meu cão morreu.
Tinha 14 anos, bem vividos.
Tranquilo partiu,
No colo da sua dona,
Que cantou para ele bem baixinho,
Sem cansar,
Até seu coração parar.
Triste, muito triste,
Nos fez muito chorar.
Lembrar da alegria que tinha,
De como a todos bem recebia.
Ah meu cão, ah meu cão!
Quanta felicidade nos deu.
Partiu ao amanhecer de um novo dia.
A vida é assim mesmo,
Só quem tem, ou teve, um animal de estimação
Sabe a dor do nosso coração.
Enquanto uma lágrima rola na minha face,
Eu me educo, para não esquecer o querido Mitsuko!
Saudade, muita saudade!

Revolta

Slam! Bateu a porta e saiu! Não esperou o elevador.
Desceu pela escada com sua mochila.
Com muita raiva pensava:
Quem eram eles, que de tudo entendiam?
Como um cara, na minha idade, não sabia nada
                              [de política?
Cansei de tentar ensinar a eles o que era certo.
Mas sempre ouvia: no meu tempo...
Não, naquela casa não volto mais!
Vou esquecer os meus pais! Não aguento mais!
Vou morar com meus avós ou meus tios.
Mas acho que eles também são iguais.
E se não me aceitarem? Na rua não dá para ficar.
Onde vou comer? Onde vou morar? Quem me dará
                              [a minha mesada?
A minha namorada? Ela pensa igual!
Mas os pais dela não a acham normal.
Ei, cara, estou pensando que ao ficar à toa,
Vou perder muita coisa boa.
Deu meia-volta e retornou!
Slam! A porta bateu! Quem é? perguntou a mãe
Já voltou? Rápido! Não demorou!
Lembrou do seu aniversário amanhã?
Sabe, meu filho adolescente, que no meu tempo...
Slam! Meu filho cadê você?
Mãe, volto amanhã!

Perguntas

Sempre paira no ar
Algo a perguntar.
Para quem? Por quem?
Sempre flutua no ar
Uma dúvida a sanar.
São tantas as questões,
Que exigem reflexões.
Perguntar pode machucar?
Pode ofender? Humilhar?
Às vezes sim, outras não!
Como fazer então?
Na dúvida, calar!
E aí, a resposta?
Sem ter a pergunta posta,
Ficar sem saber a resposta.
Dúvida vai ficar!
Isto é bom ou ruim?
Não sei! Não pergunte a mim.
Você é quem sabe da sua curiosidade.
Bondade ou maldade? Difícil saber.
Ou o melhor é esquecer,
Para um amigo não perder!

Maio de 2021

Conclusões

Não atendeu a campainha.
Celular, nem pensar.
Definitivamente,
Não estava a fim de se comunicar.
Internet? Desligou.
Estava cansado de tudo,
E de todos.
A cada dia, a tristeza o envolvia.
Como era triste tudo abandonar,
Ficar literalmente fora do ar.
Mas por que tudo isso?
Só porque seu amor deu um sumiço?
Não! Claro que não!
Ver televisão, ler um livro? Não!
Ouvir música, nem pensar.
Só saiu de casa na chuva, para caminhar.
Sem proteção, misturava a água que caía,
Com as lágrimas que fluíam.
Como terminar esta história?
Deixo você, leitor, escolher uma conclusão.
Otimista ou pessimista?
Defina você então!
E não se esqueça de me contar
A sua conclusão!

Encontros

Ao nascer, encontramos a luz!
Começamos então a ter encontros,
Que acontecerão por toda nossa vida.
Com pais e família! Com novos amigos,
Na escola e na vizinhança, no clube e nas festas,
Até chegar à idade de o amor encontrar.
Encontros, encontros demais!
Uns para rir, outros para chorar.
Fazendo, ao longo dos anos, amigos,
Inimigos? Se os tem, é melhor encontros evitar.
Encontros culturais são fenomenais.
Encontrar um livro, um prazer de ler.
Boa música, para ouvir e sonhar.
Estar com amigos para beber vinhos e deles falar.
Encontros frequentes com amigos antigos!
Presenciais! Nada de virtuais!
Para o dia a dia comentar! Do bom passado lembrar.
Do futuro não sabemos falar, só imaginar.
Portanto, amigos, sugiro a vida aproveitar.
Bons vinhos degustar
E muitos encontros realizar!
Pois um dia os encontros vão parar,
E a luz vai se apagar!

Felicidade

Afinal, o que é felicidade?
Difícil definir. Mas existe!
Ela é igual para toda idade?
Permanente? Acho impossível!
Claro que não!
Felicidade muda a cada tempo, a cada estação.
Muitas vezes, é ter uma simples refeição.
Outras, em oposição, é viajar de avião.
Mas defina a sua felicidade.
É aquela sensação de bem-estar?
Aquele momento do seu sorriso pessoal?
De uma vitória?
A felicidade muda ao longo da vida.
Ser feliz para alguns não significa felicidade geral.
Existe a felicidade coletiva, sim!
Amigos encontrar, falar, escutar e rir sem parar.
A família reunir! Uma boa comida, uma boa acolhida.
Mas a melhor de todas, penso em mim,
É amar, é ter amor sem dor.
Concluo então, com alegria!
Que felicidade não é singular, é plural!
A sua soma, bem sentida,
É viver esta vida!

Tarde

A tarde caiu,
A noite chegou.
O silêncio da casa vazia
A invadiu.
Estava só.
Os filhos, há muito se mudaram.
O companheiro, não viria jantar.
Só, somente só!
Sem barulho da rua, da televisão, dos vizinhos,
A solidão a invadiu.
Perdeu o apetite.
Estava triste, a luz não acendeu.
Então, algo aconteceu!
O celular tocou. Ela atendeu.
— Vovó, tudo bem? Liguei para dizer:
— Boa noite! Eu te amo!
Desligou!
A luz acendeu, a música tocou.
A fome voltou e o sorriso a atingiu.
Então, a tristeza fugiu.
A alegria voltou, pensou:
Triste é não ter ninguém.
E disse amém!

Olhares

Me permitam, então,
Ter uma visão
Dos olhares, que acontecem aos milhares,
Buscando uma resposta,
Deste mundo, de difícil solução.
Olhares para o passado de guerras,
De fausto e do terrível Holocausto.
Olhares para a fome de muitos,
E as comidas jogadas fora às toneladas.
Por favor, não fechem os olhos,
Coloquem seus olhares nas indiferenças
Das muitas crenças que aguardam,
E acreditam, numa solução divina.
Olhem para o homem, que se classifica sapiens.
Será? Será mesmo?
Contemplar e não solucionar, não é sapiens.
Com tanta tecnologia à disposição,
Na agricultura, no transporte e na comunicação,
Peço a todos que não aguardem os novos celulares
E se dediquem a diminuir a fome de milhares.
Esse é meu olhar, espero ver
Todo mundo concordar!

Tensões

Na vida, que ninguém duvide,
Existem momentos de tensões.
Aquelas horas que sem demoras,
Nos deixam em pânico, ou quase!
Não conheço ninguém que não viveu essa fase!
O que fazer? Para onde correr?
Com quem falar?
Nesses momentos, os verdadeiros amigos
Devem entrar, ajudar e acalmar.
Afinal, Amigo, com A maiúsculo,
Não é somente na alegria!
Amigo mesmo ajuda, ri e chora,
A qualquer hora!
As tensões e aflições, para o bem ou para o mal,
Passam, e os amigos ficam.
Os que ajudaram, riram ou choraram
Ficam mais fortes! Crescem no nosso coração.
Aos que pouco ou nada fizeram,
Com nossas tensões no final,
Recomendo dar um belo tchau.

Desejos

Quero sentir a vida,
Boa ou sofrida.
Quero poder dar sentido,
Para tudo que me é contido.
Penso o quanto de bom deve ser feito,
Com efeito, sem defeito.
Quero expandir o meu pequeno saber,
Ler tudo que possa e alimentar meu conhecer.
Quero ouvir a melhor das sinfonias,
Pronta ou ainda por vir.
Quero desenhar nas páginas da vida,
Os melhores caminhos e mares a navegar,
Sem usar borracha para apagar.
Quero absorver os pequenos erros ou pecados.
Quero, cada vez mais, amar minha família,
Beijar minha amada.
Quero grandes amigos e a eles me dedicar.
Quero um bom vinho tomar e dele poder falar.
Quero tantas coisas,
Que é melhor por aqui parar!

O quadro

Passando por uma galeria chique,
Vi que estava acontecendo uma exposição.
Tinha muita gente, e um garçom
Circulando com uma bandeja na mão.
Todos se falavam, mas os quadros não olhavam.
Um vernissage! Aberto ao público,
E, como eu me considero parte do chamado povo,
[entrei!
Logo, muito gentil, o garçom me serviu
Uma taça, sem muita graça, de um vinho branco idem.
A bandeja estava cheia de taças cheias.
Olhei em volta, os convidados continuavam
[a conversar,
Sem para os quadros olhar e sem ter uma taça na mão.
Tão logo provei o vinho, quente por sinal, entendi.
Mas, e os quadros, por que não olhavam?
Resolvi prestigiar o pintor.
Todos os quadros de fundo branco (como o vinho),
Cheios de pontos e vírgulas. Sim, isso mesmo. Só isso!
Tinham pontos de todos os tamanhos, tipos e cores.
Como não entendo de arte, gostei do que tinha
[interrogações.
Entendi então por que todos falavam
[sem muita emoção.
Educadamente, entreguei minha taça ao garçom,
Que ainda estava com a bandeja cheia, e saí.
Na rua, pensei em voz alta:
— Sou um ponto de exclamação ou de interrogação?
Não sei, não!

Conselho

Hei! Hei você!
Pare o que está fazendo,
Esqueça o que está remoendo!
Corra para a janela e olhe a lua,
Tão bela, prateada ou azulada,
Cheia, nascente ou crescente!
Não importa,
Respire fundo e sinta se ela lhe conforta!
Abra a porta do seu pensar,
Imagine a tranquilidade do luar,
A limpeza e calma do lugar.
Clareie sua mente! Pense novamente.
Problemas vão e vêm! Todos têm.
Siga em frente, use a sua mente.
Pergunte a quem entende.
Fale com quem lhe compreende.
Correu para a janela e a lua não encontrou?
Não desespere, espere, ela sempre volta!
Nada de revolta!
Escute sua mente. Abra seu coração.
Feche os olhos, que são sua janela.
E veja sua lua então!
Hei, mas isto é só um conselho.
Para quem não se olha no espelho!

Lembranças

Lembro, lembro bem da minha infância.
Dos brinquedos simples que tinha,
Dos beijos e do colo da minha mãe.
Dos meus irmãos chegando, e os anos passando,
Da minha alegria de ver os seus berços embalando.
Dos sorrisos dos meus pais,
Dos domingos com toda a família.
Lembro de todos os meus tios e primos,
Tempos felizes, que já se vão.
Lembro então da juventude, das escolas
                    [e da universidade.
Dos amigos que criei e dos muitos que conservei.
Ah! Lembranças tantas! Da esposa que conquistei!
Lembro da maturidade e a realidade,
                    [da responsabilidade!
Dos filhos amados, dos trabalhos realizados!
Não me esqueço das viagens mundo afora,
Da enogastronomia de antes e de agora!
Não lembro da idade passando,
                    [da velhice despontando!
Da alegria da nora e dos netos chegando.
Tantas coisas boas que afogam as poucas coisas más.
Lembrança tanta que daria um mantra.
Quero depois poder lembrar do futuro que vem
                              [a chegar.

Lembrei, lembro e lembrarei,
Da vida que vivi, vivo e viverei!

Setembro de 2021

O concerto

Ao longe, não muito distante,
Ouço um sax a tocar.
Umas notas bailando no ar.
Nada grande, nada especial.
Porém minha memória começa a me lembrar
Momentos felizes, sem deslizes,
Como é bom só pensar no bom.
Música sublime música.
A afinação da orquestra,
O maestro a entrar, pódio a subir.
E o público, brevemente, a aplaudir.
Vem então o primeiro acorde.
Dependendo do concerto,
Vem em mim, uma pequena ou grande emoção.
Tudo acontece então!
Cordas e metais interagem,
Ora com gentileza, ora com firmeza.
Segue a obra e meu prazer se desdobra.
Chega o final, lento, apagando, como uma vela
[ao vento.
Ou vibrante, como algo galopante!
O público aplaude os músicos e o maestro.
E eu adiciono os meus bravos também ao compositor.
O meu pensamento se interrompe, então,
Ao som do sax, ao longe a tocar.
Ah! Como é bom recordar!

Faz sentido

Faz sentido? Faz sentido?
Viver triste por um amor perdido?
Faz sentido? Faz sentido?
Chorar, quando o certo seria sorrir? Faz sentido?
Lamentar o tempo perdido?
Tentar resolver todas as mazelas do mundo?
Sim, tudo faz sentido nesta vida!
Esquecer a paixão perdida,
Entender que você sozinho não consegue
Resolver os problemas do mundo,
Mas faz sentido poder ajudar!
Faz sentido, um bom livro para ler e comentar?
Uma música, para fortemente apreciar?
Um vinho para degustar?
Viajar e novos lugares visitar?
Faz sentido!
A vida para mim é um conjunto de sentidos,
E essa faz muito sentido!
Faz sentido, não sendo um poeta,
Escrever eu poemas?
Faz sentido? Faz?
Faz! Faz sentido!

Dúvida

Sentado com amigos num bar,
Vejo numa mesa não muito distante
Sozinha uma bela mulher triste,
Uma taça de vinho a tomar.
De repente, derruba a taça,
Sem querer ou por querer? Chora então!
O bom vinho derramado ou a perda do amado?
De pé, enquanto um garçom limpa a mesa,
Abre um belo sorriso, ao notar o namorado chegar,
— Por que estava chorando?
Pergunta ele, vendo suas últimas lágrimas a rolar.
— Por eu estar atrasado ou pelo vinho derramado?
Pergunta então ele ao garçom que vinho era aquele.
Ao ouvir a resposta o rapaz diz feliz:
— Era pelo vinho então! Bebamos coisa melhor,
Nesta bela ocasião!
Os meus amigos já prestavam atenção,
Faziam uma aposta: o choro seria do vinho
ou do rapaz ausente?
Quando o garçom voltou com um vinho
                                      [de causar inveja,
Houve um empate na nossa mesa.
Terminando o assunto, concluímos que ela não chorou
Pelo vinho que tinha derramado!
Certo ou errado?

O vinho

Não sei muito recitar
Sobre esse produto milenar.
Dizem que tem 7 ou 8 mil anos.
Isso, deixo para o cientista provar.
Somente sei que os romanos e os egípcios
Já o conheciam e apreciavam,
Mas, antes deles, os etruscos o faziam.
Para mim, o fruto proibido no paraíso,
Não era a maçã não! Fruta sem graça.
Adão e Eva a comiam, quando dor de barriga tinham.
A fruta era a uva! Essa sim, espremida,
                              [dava o suco proibido!
Suco estragado que um belo barato dava!
Quanta gente então, independentemente de cor,
                              [raça ou religião,
Gosta desse suco, no inverno ou no verão!
Às vezes, proibido por despertar a libido!
Outras vezes, remédio para os males do corpo
                              [e da alma!
Oinos em grego, *vinum* em romano, *wein, wine, vino*.
E assim vai até o português, que o chama de vinho!
Vinho, suco que adoro,
Mas tem uma condição, para o vinho ser bom,
Tem que ser bebido com amigos queridos!
Caso contrário, deixe-o na adega ou no armário!
À vida! Tim tim! Saúde!

O parque

Muita gente diz que a vida
Passa sem graça!
Outras, ao contrário,
Acham a vida um parque de diversões.
Ora uma montanha russa,
Ora um suave carrossel.
Girando lentamente ao som de um realejo,
Sentado em um corcel.
Esse é o meu desejo! E o seu?
Viver só comendo algodão-doce?
Sem no parque entrar?
Para mim, a vida tem de tudo.
Tem uma roda gigante tranquila,
Sem susto, sem segredo!
Às vezes, um trem fantasma com medo.
E assim vamos vivendo,
Sem graça? Logo, a vida não passa.
Um parque? A vida é de quem sabe aproveitar!
Passa rápido, sim, mas dura muito mais!
Dando tempo, para todos os brinquedos usar.
Aconselho o amigo, que leva a vida a duvidar,
Rapidamente um parque procurar
E a vida aproveitar!

Cartão de crédito

Uma discreta lágrima caiu
Quando ela saiu. Seria o fim?
— Não gostava mais de mim? Pensou ele sentado
                                                     [na cama.
— Será que ela não me ama?
Quem mandou se apaixonar por uma mulher assim?
Achava que ela jamais voltaria.
Quantas vezes haviam se amado,
Na casa dela, ou em hotel mal-afamado.
Se vestiu e saiu. Triste, cabisbaixo.
Lá se foi ele, ladeira abaixo.
Já bem distante, um amigo encontrou.
Logo, depois de um olá sem graça,
A triste estória contou. O amigo lhe sorriu
                                               [e perguntou:
— Quanto pagou? Quanto tudo custou?
Após a resposta, o amigo que era mais velho,
Rindo o aconselhou,
Você ainda é muito jovem e muita mulher
                                               [vai encontrar.
E um dia, um belo dia, uma garota honesta vai achar,
Se apaixonar, namorar e se casar.
Aí sim, nada vai custar, somente amor a dar.
O rapaz ao amigo muito agradeceu e seguiu feliz
                                               [seu caminho,
O amigo, sozinho pensou: nada custar?
Que mentiroso sou! Deixa-o casar e ver...
O preço de um grande amor! Mas, logo concluiu,
O custo não é nada, se ele for feliz!

Sou

Sou fruto da alegria. Sou fruto da dor.
Sou inspiração. Sou mente em flor!
Sou a beleza. Sou a aurora.
Sou algo eterno. Sou vento afora...
Sou a voz d'alma. Sou a voz da natureza.
Sou a voz da cascata. Sou a voz da pureza.
Sou o riso da infância. Sou o vigor da mocidade.
Sou a força da velhice. Sou a grande variedade.
Sou sempre preferida. Sou a ideia lançada.
Sou a tristeza perdida. Sou sempre amada.
Sou a ideia que ardia. Sou a ânsia galopante
Sou enfim
A POESIA!

Sarah Grimberg

A Terra é o nosso lar

A Terra está doente...
Precisando da gente!
Nós temos que agir...
E não mais poluir!
Temos que ajudar...
Para o mundo melhorar!
Faça a sua parte com atenção...
Para acabar com tanta distribuição!
Seja bem-vindo...
Vamos seguindo!
Agora é hora... E não demora!

*Bernardo Wernesbach Grimberg e
Rafaella Szoor Fux (ambos com dez anos)*

Confusão

Bem ao fundo, no fim do mundo.
Dentro da minha mente.
Começo a ver e recordar as coisas
Que vi, vejo e poderei ver.
Fatos e coisas intrigantes,
Belas ou feias. Alegres ou tristes.
Faço então um balanço da vida.
Para alguns principesca,
Para outros a miséria, a fome, a tristeza.
Uma pirâmide onde no topo estão os ricos,
Na base, bem ampla, estão os pobres!
Triste, muito triste, vejo gente com fome,
Sem lar, fugindo das guerras, sem nada para
[aos filhos dar!
Mas a história foi, quase, sempre assim?
Acho que não. No início da civilização humana,
Todos eram nômades, caçavam e se amavam.
Porém, quando pararam de andar e passaram
[a se fixar,
Acho eu, que começou a inveja e a ambição.
Lutas, guerras, conquistas. Gente brava, gente escrava!
Afinal para que tudo isso? Se o final de cada humano,
Vencedor ou perdedor, será igual!
Fatal. Fatal!

Gargalhar

Sejamos sinceros,
Algumas vezes, em situações trágicas,
Não dá uma vontade de rir?
Só um risinho, disfarçado, claro!
Da viúva ou do viúvo, que chora sem parar,
Mas que, sabemos, nunca ligou para o seu par!
Sorrir da madame que no bistrô chique,
Dá um chilique com o garçom ou o companheiro,
Que se levanta ligeiro e vai, vermelho,
[para o banheiro!
Rir é muito bom! Gargalhar melhor ainda!
Mas não nos casos tristes,
Mas, sim, no bom papo com os amigos,
Sem ofender, mas rir de um pequeno deboche sadio,
Que causa ao amigo, um calafrio!
Gargalhar muito com os amigos, de algo acontecido!
Sem consequências, sem indecências!
Em torno de bons vinhos, com grandes amizades.
Rir, gargalhar até chorar!
Até se mijar!
Ah! Como é bom! Muito bom!
Riamos, então, sem perdão!
Afinal, como diz o povo,
O riso é o melhor remédio!

Vincent

Ainda que o mundo girasse ao contrário,
Ainda que suas noites fossem normais,
Ainda que seus camponeses não existissem,
Nem mesmo os seus mineiros ou homens ao bar,
Eu jamais deixaria de lhe admirar.
Homem sofrido, por vezes enlouquecido,
Trouxe ao mundo uma visão diferente.
Olhar de gênio, desprezado no início.
Seus mágicos pincéis jogavam nas telas,
Imagens lindas, irreais e tão belas!
Durante a sua vida, poucos, muito poucos, amaram
[suas cores.
Faltaram com a visão do gênio de então!
Mas o tempo passou, e hoje você é amado.
As telas que nos deixou influenciaram gerações.
Uma obra intensa, imensa,
Disputada por museus e bilionários,
Admirado por milhões que lotam suas exposições.
Sempre amei, com sobra, a sua obra,
Seus girassóis e seus vasos de flores,
Sua gente, seus comedores de batata e seus cafés.
Vincent Van Gogh, obrigado por ter passado
[pela Terra
E deixado noites estreladas e sóis para iluminar
[a beleza.
Ainda bem que você existiu!
Ainda bem!

Gira

Sinto que tomei absinto
Cabeça gira, gira,
Mas não pira!
Sinto uma alegria interna,
Que se contrapõe à aflição externa.
Caminhos percorridos sem volta,
Sem revolta!
Para onde estou indo,
Sem escolta?
Sinto que devo largar a tristeza,
Agarrar a alegria.
Viver com a beleza!
Amar e mais amar,
Antes da estrada acabar.
Mas não consigo ver o fim da estrada,
Que tão longe está,
Viver! Viver feliz então!
Fazer questão de todos abraçar,
Sorrindo para a felicidade!
Dizendo obrigado família, amigos e Baco.
Mas não minto, não bebo absinto!
Então, por que minha cabeça gira?
Gira, mas não pira!

Este poema foi musicado pela amiga Daniela Spielmann. Para ouvir, procure pela canção "Gira" no Spotify ou acesse com esse código:

Seguindo a vida

E, assim, vou seguindo a vida,
Nos seus caminhos diversos.
Algumas vezes difíceis, com pedras,
Outras fáceis, com estradas felizes e alegres.
Momentos risonhos entregues à família,
Bate-papos infindáveis com os amigos.
Risos, muitos risos, inocentes ou ácidos,
Choros de alegria ou tristeza.
Boa comida, bons vinhos, bons livros e concertos!
Viagens mundo afora,
Paisagens belas, em todas as passagens.
Admirando o nascer e o poente dos dias.
Caminhos sem retorno, mas ensinando
A entender, corrigir e se fortalecer.
Entender que um dia eles acabarão.
A vida tem seus dilemas,
Mas pretendo continuar escrevendo poemas,
Procurando novos temas.
E assim vamos lá, seguindo a vida,
Pela estrada afora...

Esta obra foi composta em Georgia 11,3 pt e impressa em papel
Pólen soft 80 g/m² pela gráfica Meta.